AM

DIESES BUCH GEHÖRT:

Bibliografische Information der Deutschen Nationalbibliothek:
Die Deutsche Nationalbibliothek verzeichnet diese Publikation in der Deutschen
Nationalbibliografie; detaillierte bibliografische Daten sind im Internet über
http://dnb.d-nb.de abrufbar.

3. Auflage	Januar 2022
© 2021-2022	edition riedenburg
Verlagsanschrift	Adolf-Bekk-Straße 13, 5020 Salzburg, Österreich
Internet	www.editionriedenburg.at
E-Mail	verlag@editionriedenburg.at
Lektorat	Dr. Caroline Oblasser
Illustrationen	© Bettina Springer-Ferazin
Portraits	Heike Wolter © privat;
	Julia Christof © Studioline Regensburg;
	Bettina Springer-Ferazin: © Katie Simpson –
	katiesimpsonphoto.com
Satz und Layout	edition riedenburg
Herstellung	Books on Demand GmbH

ISBN 978-3-99082-072-8

Heike Wolter • Julia Christof
Illustrationen: Bettina Springer-Ferazin

Starke
Frauen

2

Angela Merkel

Die erste Bundes-kanzlerin

FÜR KLEINE LEUTE
MIT GROSSEN IDEEN.

edition
riedenburg

Inhalt

Angela Kasner

Es war ungewöhnlich kalt in Hamburg, als
am 17. Juli 1954 Angela Kasner geboren wurde.
Ihre Eltern Horst und Herlind ahnten nicht, dass
das kleine Mädchen einmal als Angela Merkel
Bundeskanzlerin werden würde.

Bald zog die Familie nach Quitzow
und dann weiter nach Templin.
Beide Orte lagen in der DDR.
Damals war das einer von zwei
Staaten, die heute zusammen die
Bundesrepublik sind. Als Angela
sieben Jahre alt war, wurde durch
Deutschland eine Mauer gebaut
und trennte ihre Familie. Sie konnte ihre Oma aus dem
Westen Deutschlands nur noch selten sehen.

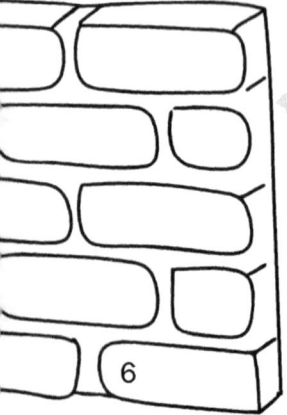

6

MAUERBAU: Die Grenze zwischen
den zwei deutschen Staaten DDR
und BRD wurde streng bewacht. In
Berlin gab es ab 1961 sogar eine
richtige Mauer. Denn DDR-Bürger
sollten nicht reisen und sehen, wie
schön es auch woanders ist.

Pfarrerstochter

Angelas Vater war evangelischer
Pfarrer. Das war in der DDR
kein einfacher Beruf. Schließlich
dachten Christen: Man muss sich
zuerst an Gott und nicht an der Politik orientieren.
Trotzdem war ihr Vater für den Sozialismus. Angelas
Elternhaus war ein weltoffener Platz.

Angela war auch in sozialistischen Organisationen:
erst bei den Pionieren und dann bei der Freien
Deutschen Jugend. Sie machte dort nicht einfach
alles mit, sondern hatte eigene Vorstellungen. Die
hatte sie auch aus Büchern, denn Angela war eine
richtige Leseratte.

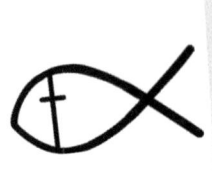

SOZIALISMUS: Das Wort bedeutet
„kameradschaftlich". Alle sollten
gleich viel haben und gemeinsam
bestimmen. Aber in Wirklichkeit sagte
in der DDR nur eine Partei, was
gemacht wird. Es war eine Diktatur,
denn nur wenige hatten die Macht.
Die Kirche störte da eher.

„Ich habe erst gar nicht begriffen, was der Bau der Mauer bedeutet."

FORSCHUNGSAUFGABE

Finde jemanden, der früher in einem sozialistischen Land gelebt hat, und lasse dir davon erzählen.

Forscherin aus Leidenschaft

Angelas Lieblingsfächer in der Schule waren Russisch, Englisch und Mathematik. Sie bestand das Abitur mit der Note 1. Später studierte sie in Leipzig Physik. Sie war fleißig und intelligent. Kein Wunder, dass sie einen Einser-Studienabschluss hatte.

Anschließend zog sie nach Berlin und arbeitete dort zwölf Jahre lang an der Akademie der Wissenschaften. Sie wurde eine Doktorin der Physikalischen Chemie.

Die DDR hinkte in der Wissenschaft anderen Ländern hinterher. So war die Arbeit als Forscherin für Angela mühseliger als für andere. Oft musste sie tagelang auf die Berechnungen der Computer warten.

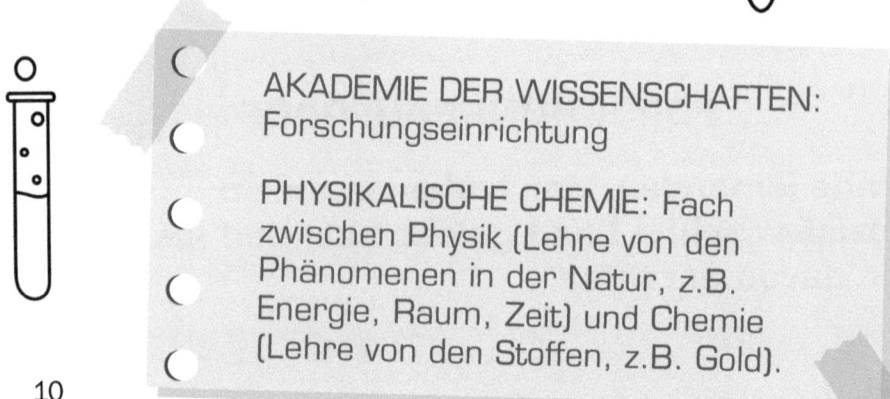

AKADEMIE DER WISSENSCHAFTEN: Forschungseinrichtung

PHYSIKALISCHE CHEMIE: Fach zwischen Physik (Lehre von den Phänomenen in der Natur, z.B. Energie, Raum, Zeit) und Chemie (Lehre von den Stoffen, z.B. Gold).

„Ich bin ein Mensch, der wenig über Sachen sprechen kann, die er nicht verstanden hat."

FORSCHUNGSAUFGABE

Mache dein eigenes Experiment: Streue Salz und Pfeffer auf einen Teller. Puste dann einen Luftballon auf und knote ihn zu. Nimm nun einen Pullover aus Wolle und reibe ihn für einige Zeit kräftig am Ballon. Halte den Ballon anschließend wenige Zentimeter über den Teller. Was passiert?

Antwort: Der Pfeffer (und ggf. auch das Salz) hüpfen nach oben an den Ballon. Man nennt das statische Aufladung.

Etwas Neues wagen

Angela hatte sich in der DDR angepasst, aber sie sehnte sich nach Veränderungen. Im November 1989 war es so weit: Viele Menschen protestierten gegen den Sozialismus und gegen die Trennung der beiden deutschen Staaten. Die Mauer zwischen den Ländern fiel. Angela hörte davon. Sie war sprachlos und glücklich.

Sie wollte mithelfen, Deutschland neu zu gestalten: als vereintes Land mit einer Marktwirtschaft. Dafür suchte sie nach einer passenden Partei. Am besten gefiel ihr der „Demokratische Aufbruch". Es gab viel Arbeit. Das mochte Angela. Sie schrieb Reden, erklärte alles als Pressesprecherin für die Journalisten – und wurde so Politikerin.

MARKTWIRTSCHAFT: In dieser Wirtschaftsform regelt sich alles durch Angebot und Nachfrage – wie viel es gibt, wie teuer es ist, wer es bekommt.

PRESSESPRECHERIN: Person, die die Informationen für eine Gruppe verkündet

FORSCHUNGSAUFGABE

Für welche drei wichtigen Ziele würdest du eintreten, wenn du Politiker oder Politikerin wärst?

Politik lernen

Als junge Politikerin war Angela zuerst eine wichtige Begleiterin des damaligen Bundeskanzlers Helmut Kohl.

Schon bald war sie selbst sehr erfolgreich: Sie wurde Mitglied im deutschen Bundestag, dann Ministerin für Frauen und Jugend. Später war sie auch noch Umweltministerin und hatte immer wichtige Aufgaben in ihrer Partei, der CDU.

Ende 1999 passierte etwas Bedeutendes: In der CDU gab es einen großen Skandal, denn an die Partei wurde geheim viel Geld gespendet. So etwas darf nicht sein - das fand auch Angela. Sie setzte sich dafür ein, dass alles genau untersucht wird.

(BUNDESTAG: Parlament der Bundesrepublik, wo die Gesetze
(gemacht werden

(CDU: Christlich-demokratische Union, eine Partei der Mitte in
(der Bundesrepublik

„Ein großes Glück ist es, etwas zu bewegen."

FORSCHUNGSAUFGABE

Finde heraus, welche Ministerien es in Deutschland gibt. Überlege, welcher Bereich dich besonders interessiert.

BM der Finanzen, Auswärtiges Amt, BM für Wirtschaft, BM der Justiz, BM für Arbeit und Soziales, BM der Verteidigung, BM für Ernährung und Landwirtschaft, BM für Familie, BM für Gesundheit, BM für Verkehr, BM für Umwelt, BM für Bildung und Forschung, BM für Entwicklung (BM = Bundesministerium, Kurzformen genannt)

Gemeinsam stark

Angela lernte ihren späteren Ehemann Joachim Sauer während ihrer Zeit an der Akademie der Wissenschaften kennen. Weil er auch Wissenschaftler ist, hat er ihre Doktorarbeit Korrektur gelesen.

$$E = mc^2$$

Joachim, den Angela kurz Achim nennt, war bis 2017 Professor für Physikalische und Theoretische Chemie an der Humboldt-Universität in Berlin und arbeitet dort weiterhin als Forscher.

Joachim hat zwei Söhne aus seiner ersten Ehe. Eigene Kinder haben die beiden nicht. Sie tauschen gerne ihre Meinungen aus und Angela schätzt die Ratschläge ihres Mannes. Wenn er etwas über ihre Politik sagt, hört sie bestimmt ganz besonders gut zu.

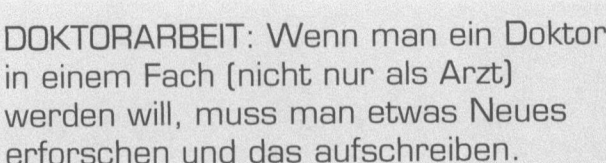

DOKTORARBEIT: Wenn man ein Doktor in einem Fach (nicht nur als Arzt) werden will, muss man etwas Neues erforschen und das aufschreiben.

„Wir beide haben eine gute Arbeitsteilung."

FORSCHUNGSAUFGABE

Mit wem bist du gemeinsam stark und warum?

Zeit für Pausen

Angela und Joachim gehen gerne wandern im Urlaub
oder sie genießen die Ruhe in ihrem Wochenendhaus
in der Uckermark. Dort hat man wenig Zeit, über

 Politik nachzudenken, und
ist schlecht auf dem Handy
erreichbar. Das findet
Angela gut.

Zuhause kocht Angela sehr gerne. Am liebsten
mag sie Rouladen, Borschtsch oder
Kartoffelsuppe. Einer Zeitschrift
hat sie einmal ihr Suppengeheimnis
verraten (Seite 54).

Auch ihr Pflaumenkuchen soll sehr lecker sein, aber
Joachim kann als Sohn eines Konditors vielleicht
sogar noch besser backen.

KONDITOR: Bäcker, der vor allem
Torten backt

BORSCHTSCH: russische Kohlsuppe
mit Fleisch und roter Beete

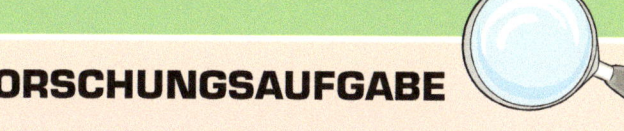

AM

„So erhole ich mich am besten: schlafen, frische Luft, eventuell kochen."

FORSCHUNGSAUFGABE

Finde heraus, wo die Uckermark liegt und was für sie charakteristisch ist.

Die Uckermark liegt in Norddeutschland im Bundesland Brandenburg. Dort gibt es viele kleine Seen.

Frau Kanzlerin

2005 war Bundestagswahl. Angela wollte Bundeskanzlerin werden. Ihre Partei, die CDU, bekam die meisten Stimmen, aber nicht die Hälfte. Sie brauchte eine weitere Partei zum Regieren.

Angela Merkel war glücklich, überrascht – und ein wenig verärgert. Denn der alte Bundeskanzler glaubte nicht, dass sie Bundeskanzlerin werden könnte. Er sagte das im Fernsehen und alle Menschen sahen es. Es war auch wirklich schwierig: Sie fand erst keine anderen Parteien, die zusammen ihre Partner werden wollten.

Doch nach zwei Monaten Diskussion war es so weit. Die beiden größten Parteien bildeten eine „Große Koalition" und Angela wurde an ihrer Spitze die erste Kanzlerin.

GROSSE KOALITION: So heißt eine Zusammenarbeit der beiden Parteien mit den meisten Stimmen in einer Regierung. In Deutschland waren das bisher immer die CDU/CSU (Christlich-Demokratische/Christlich-Soziale Partei) und die SPD (Sozialdemokratische Partei).

AM

„Ich will Deutschland dienen."

FORSCHUNGSAUFGABE

Finde heraus, was die Bundeskanzlerin in ihrem Amtseid gesagt hat. Tipp: Er beginnt mit „Ich schwöre, dass ich …"

„Ich schwöre, dass ich meine Kraft dem Wohle des deutschen Volkes widmen, seinen Nutzen mehren, Schaden von ihm wenden, das Grundgesetz und die Gesetze des Bundes wahren und verteidigen, meine Pflichten gewissenhaft erfüllen und Gerechtigkeit gegen jedermann üben werde." (Sie hat auch gesagt: „So wahr mir Gott helfe!", aber das muss man nicht sagen, wenn man nicht an Gott glaubt oder einfach nicht will.)

21

Die Mitte

2006 wählte die Zeitschrift „Forbes" Angela auf Platz 1 der 100 wichtigsten Frauen der Welt. Als Begründung schrieb die Jury unter anderem, dass Angela nicht lautstark herumpoltert, sondern mit anderen Menschen gut diskutieren und zwischen verschiedenen Meinungen vermitteln kann.

Ihre Kritiker finden, dass Angela nur in schweren Zeiten gut arbeitet und zu wichtigen Themen zu lange schweigt. Aber sie denkt eben erst einmal nach und bemerkt, wenn sie ein Ziel nicht umsetzen kann.

Als Bundeskanzlerin weiß sie, dass es darum geht, die Mitte der Gesellschaft zu vertreten, also die Mehrheit. Deshalb sucht sie Kompromisse, wenn es Streit gibt.

KOMPROMISS: Man nennt etwas einen Kompromiss, wenn sich zwei oder mehr Leute streiten und am Ende jeder ein bisschen nachgibt.

MIT DEM KOPF DURCH DIE WAND: Das ist eine Redewendung. Sie bedeutet, dass man etwas unbedingt erreichen will, egal wie.

„Wenn ich immer gleich eingeschnappt wäre, könnte ich keine drei Tage Bundeskanzlerin sein."

FORSCHUNGSAUFGABE

Überlege, in welcher Situation du schon einmal einen Kompromiss mit jemandem geschlossen hast.

Die Krisenkanzlerin

Bald nachdem Angela Kanzlerin geworden war,
gab es eine große Krise auf der ganzen Welt:
die Finanzkrise. Banken hatten Geld ausgegeben,
das sie gar nicht hatten. Irgendwann kam dieser
Schwindel heraus und das machte große Probleme.

Angela dachte wohl: Man kann nur Geld ausgeben,
das man wirklich besitzt. Deshalb gab man ihr den
Namen „schwäbische Hausfrau", denn die Menschen
glauben: Leute aus Schwaben sind sparsam.

Das zeigte sich auch, als bald
schon die Eurokrise folgte.
Manche Länder in Europa hatten viele Schulden
gemacht und konnten sie nun nicht mehr bezahlen.
Weil diese Länder zusammen mit Deutschland in
der Europäischen Union sind, mussten Angela und
andere Politiker mitdenken, wie man dieses Problem
lösen könnte.

SCHULDEN MACHEN: sich Geld von
jemandem borgen, um es später
mit einem Zuschlag zurückzugeben

„Wenn es ganz ernst wird, muss man gut durchhalten können."

FORSCHUNGSAUFGABE

Überlege, wann du dir schon einmal etwas nicht kaufen konntest, weil du nicht genug Geld hattest. Wie hat sich das angefühlt? Was hast du gemacht: dir Geld geliehen, gespart oder auf deinen Wunsch verzichtet?

Stolz auf Deutschland

Angela muss sich als Bundeskanzlerin auch mal bei der Fußball-Nationalmannschaft blicken lassen. Glücklicherweise interessiert sie sich privat für Fußball.

Bei Weltmeisterschaften von Frauen und Männern sitzt sie gern im Stadion und fiebert mit der Mannschaft und den Fans mit. Als die Männer 2014 Fußballweltmeister wurden, war Angela mit dabei und gratulierte den Spielern in der Kabine.

Durch Fußball fällt es vielen Menschen leichter, stolz auf ihre Nationalität zu sein. Das ist nichts Schlimmes, findet bestimmt auch Angela. Aber Nationalstolz darf nie bedeuten, dass Menschen aus anderen Ländern weniger wert sind.

DEUTSCHE FUSSBALLNATIONALMANNSCHAFT DER FRAUEN: WM-Titel 2003, 2007; EM-Titel 1989, 1991, 1995, 1997, 2001, 2005, 2009, 2013; Olympiasiegerinnen 2016

FORSCHUNGSAUFGABE

Welche Erfolge konnte die deutsche Fußballnationalmannschaft der Herren bereits verbuchen?

Europameister-Titel 1972, 1980, 1996
Weltmeister-Titel 1954, 1974, 1990, 2014,

Überzeugte Europäerin

Angela hat schon immer viel mit den französischen Präsidenten zusammengearbeitet, zurzeit ist dies Emmanuel Macron. Deutschland und Frankreich waren lange Zeit keine Freunde. Das änderte sich erst nach dem Zweiten Weltkrieg. Da wurden die beiden Länder der Motor für die Einigung von ganz Europa.

Angela und Emmanuel verstehen sich gut, man kann auch sagen: Die Chemie stimmt. Beide wissen, dass man gemeinsam mehr schafft. So funktioniert nicht nur die Beziehung zwischen Deutschland und Frankreich, sondern auch die gesamte Europäische Union. Man arbeitet zusammen und kann so einander helfen, größere Projekte umzusetzen.

EUROPÄISCHE UNION (EU): Der Staatenbund EU besteht aus 27 Ländern, die zusammenarbeiten. Viele dieser Länder haben das gleiche Geld, den Euro.

AM

„Kompromisse sind Ergebnisse, bei denen die Vorteile die Nachteile überwiegen."

FORSCHUNGSAUFGABE

Viele deutsche und französische Städte sind durch Städtepartnerschaften verbunden. Finde heraus, welche (französische) Partnerstadt/-gemeinde dein Wohnort hat.

Auf der Weltbühne

Angela ging immer gut vorbereitet zu Treffen mit den Politikerinnen und Politikern anderer Länder. Das schätzten Menschen in und außerhalb von Deutschland. Angelas ruhige Art half ihr dabei, Deutschland auf der Weltbühne gut zu repräsentieren.

Angelas Verhalten konnte man sich als eine Politik „der kleinen Schritte" denken. Das heißt, dass sie lieber abgewartet und noch einmal gründlich nachgedacht hat, ehe sie etwas umsetzte.

Doch auch wenn etwas Unangenehmes einmal ausgesprochen werden musste, traute sie sich das. Weil sie Wissenschaftlerin ist, wägt sie ab, was die Fakten oder die Forschung sagen.

REPRÄSENTIEREN: Um Deutschland in aller Welt gut zu vertreten, also zu repräsentieren, reist Angela jedes Jahr in viele Länder. Dort trifft sie andere Politiker. Manchmal ist sie auch selbst Gastgeberin.

„In der Politik suche ich lieber die Zusammenarbeit als die Auseinandersetzung."

FORSCHUNGSAUFGABE

Überlege, ob Angela als Bundeskanzlerin wohl schon an diesen Orten war (und schaue dann nach, ob es stimmt): Grönland, New York, Castel Gandolfo, Paris, Hawaii.

Grönland – Besuch wg. Klimawandel vor Ort, New York – Besuch bei den Vereinten Nationen, Castel Gandolfo – Treffen mit dem Papst, Paris – Treffen mit französischen Präsidenten, Hawaii – kein Besuch (Aber vielleicht möchte sie privat einmal dorthin, denn es ist sehr schön dort.)

Willkommen in Deutschland

Im Sommer 2015 flohen sehr viele Menschen wegen eines Krieges nach Europa. Oft zu Fuß und in kleinen, unsicheren Booten über das Meer. Angela wollte diese Menschen in ihrer Not nicht allein lassen. Und sie hatte verstanden, dass die Vielfalt auch eine große Chance für Deutschland war. Sie lud die Menschen nach Deutschland ein. Und den Deutschen erklärte sie, dass man das gemeinsam schaffen kann.

Viele packten mit an, um fast eine Million Menschen (und in den folgenden Jahren noch weitere) in Deutschland willkommen zu heißen. Doch manche zweifelten, ob diese Aufgabe tatsächlich zu schaffen ist. Einige wenige sind auch einfach gegen Menschen aus anderen Kulturen. Sie fühlen sich ohne Grund von ihnen bedroht.

(ASYL: Manche Menschen müssen aus
(ihrer Heimat fliehen. In Deutschland
(dürfen sie Asyl beantragen. Der Antrag
wird geprüft. Wenn es in den Staaten
(der Geflüchteten gefährlich ist, dürfen
sie in Deutschland bleiben. Aber wenn
(sie dort fast nichts zu essen hatten oder
keine Arbeit gefunden haben, ist das kein
(Asylgrund.

FORSCHUNGSAUFGABE

Überlege, warum Geflüchtete nach Deutschland kommen wollen. Was ist alles gut in deinem Alltag, das sich andere Kinder und Erwachsene wohl auch wünschen?

Recht auf Bildung / Schulbesuch, verträgliches Klima (nicht zu heiß, ausreichend Trinkwasser, kaum Naturkatastrophen), genügend Essen, sichere Wohnung, kein Krieg, Meinungsfreiheit, demokratische Entscheidungen

Offene Ohren

Schon als junge Politikerin bewies Angela,
dass sie gut auf Menschen zugehen und
ihnen zuhören kann. Bereits 2015 hat sie
den Bürgerdialog eingerichtet. Das waren
Diskussionen, die sie mit Menschen verschiedener
Gruppen führte. Sie wollte wissen, was die
Deutschen beschäftigt.

Meistens ging es in diesen Gesprächen um Probleme.
Angela versprach nicht gleich eine Lösung. Sie
sagte, dass sie das nicht richtig fände. Trotzdem
ärgerten sich manche, dass es nicht schneller ging.

Der Bürgerdialog zeigte, worauf es in einer
Demokratie ankommt. Jede Politikerin und jeder
Politiker muss die Menschen immer wieder von
sich überzeugen. Sonst wird er oder sie nicht
wiedergewählt.

DEMOKRATIE: Übersetzt heißt das Wort „Herrschaft
des Volkes". Alle Menschen bestimmen mit – sie
tun das über Wahlen. Dabei werden einige wenige
Vertreter ausgesucht, die dann in den nächsten
Jahren wichtige Entscheidungen für die Menschen in
einem Land treffen.

Kann das auch ein Mann?

Angela wurde die erste Bundeskanzlerin Deutschlands. Davor gab es das Wort „Bundeskanzlerin" gar nicht. Durch Angela hat sich das Bild geändert, wie man Politikerinnen weltweit wahrnimmt. Seitdem sie Bundeskanzlerin geworden ist, sind auch mehr Frauen in den Bundestag gewählt worden als früher.

Als Frau musste sich Angela einiges anhören, was mit ihrem Amt überhaupt nichts zu tun hatte. Manchmal redeten die Leute mehr über ihre Frisur oder ihre Kleidung als über das, was sie zu sagen hatte.

Anstatt sich zu ärgern, setzte sie sich noch stärker für eine Gleichberechtigung ein, die jeden Menschen in seinen Fähigkeiten sieht.

REGIERUNGSCHEFINNEN: 2021 gab es in 19 von 193 Staaten Regierungschefinnen, darunter Mia Mottley (Barbados, Amerika), Mette Frederiksen (Dänemark, Europa), Rose Christiane Raponda (Gabun, Afrika), Bidhya Devi Bhandari (Nepal, Asien) und Jacinda Ardern (Neuseeland, Ozeanien).

„Niemand lacht ein junges Mädchen heute aus, wenn es sagt, dass es Bundeskanzlerin werden will."

FORSCHUNGSAUFGABE

Wer war die erste Frau, die den Nobelpreis erhielt? Wer war die erste Frau im Weltall?

Marie Curie, Nobelpreis für Physik (1903);
Valentina Tereschkowa, erste Frau im Weltall (1963)

Die Erde brennt!

Schon vor vielen Jahren schrieb Angela ein Buch über den Klimaschutz. Wenn man darin liest, sieht man, dass sich noch nicht so viel geändert hat.

Angela glaubt daran, dass Europa eine Lösung für den Klimawandel finden muss. Denn das Wetter wird extremer und es gibt viele Naturkatastrophen. Mit einem Klimaprogramm könnte die EU ein Vorbild für den Rest der Welt sein.

Seit Anfang 2019 demonstrieren Jugendliche auf der ganzen Welt für den Klimaschutz. Angela fand das gut. Sie versuchte, klimafreundliche Dinge in Deutschland und in Europa umzusetzen. Doch manchmal zu langsam. Den Jugendlichen geht manches noch immer nicht schnell genug oder es ist ihnen zu wenig. Deshalb protestieren sie weiter.

FRIDAYS FOR FUTURE (FREITAGE FÜR DIE ZUKUNFT): Diese Bewegung wurde von der Schwedin Greta Thunberg gegründet. Schülerinnen und Schüler gingen freitags nicht zur Schule, sie streikten für das Klima.

"Den einen war es nicht genug, den anderen zu viel."

FORSCHUNGSAUFGABE

Überlege, was du selbst für den Klimaschutz tun kannst.

Versuche, weniger Plastik zu verwenden. Achte mit deinen Eltern darauf, regional und saisonal einzukaufen. Spare Wasser, zum Beispiel beim Duschen. Ernähre dich einige Tage der Woche vegetarisch oder vegan. Fahre mit dem Fahrrad oder mit den öffentlichen Verkehrsmitteln. Produziere nur wenig Müll.

Ungeahnte Herausforderungen

Niemand ahnte Ende 2019, wie schwierig die nächsten Jahre werden würden: Plötzlich breitete sich in einer Pandemie das Coronavirus aus! Es machte viele Menschen krank. Manche starben sogar daran.

Angela beriet sich mit Wissenschaftlerinnen und entschied: Wir müssen alle mithelfen, damit Corona keine allzu große Gefahr für uns darstellt. Anfangs hörten die meisten Menschen auf sie, doch später nahmen es viele nicht mehr so genau. Sie waren erschöpft von den Einschränkungen und befolgten die strengen Regeln nicht immer.

Angela zeigte sonst öffentlich kaum Gefühle. Diesmal erinnerte sie jedoch alle daran, dass man nicht nur an sich selbst, sondern auch an die Schwächsten denken soll. Aber manchmal gab es mehr Fragen als Antworten.

PANDEMIE: Eine Krankheit breitet sich über die ganze Welt aus, wie zum Beispiel das Coronavirus.

41

Angelas Stil

Meistens trug Angela eine schwarze Hose und eine farbige Jacke. Oft wurde gerätselt, was das bedeutet. Dunkelblau wie die Europa-Fahne zum Treffen der Regierungschefs? Knallige Farben zwischen den dunklen Anzügen der Männer? Oder einfach ein Trick, um Zeit für wirklich Wichtiges zu haben?

Angela war bekannt dafür, ihre Hände zu einer Raute zu formen. Viele nannten das die „Merkelraute". Diese Haltung sorgt dafür, dass die Hände ruhig an einem Ort sind. Manch einer vermutete schon, dass dies helfe, den Rücken gerade zu halten.

Vielleicht kann die symmetrische Raute auch als Symbol für Ruhe und Kraft gesehen werden.

Ein HOSENANZUG ist eine schicke Hose mit einer passenden Jacke für Frauen. Meistens trägt man darunter eine Bluse. Früher war es Frauen laut Gesetz nicht erlaubt, Hosen zu tragen.

SYMMETRISCH: gleichmäßig

RAUTE: geometrische Figur

AM

„Jeder merkt, wenn ich nicht ich selber bin."

FORSCHUNGSAUFGABE

Welche bekannten Handzeichen kennst du noch?

Zum Beispiel: Winken als Begrüßung oder zum Abschied, ausgestreckte Handfläche nach vorne als Stoppzeichen, Daumen hoch für Zuspruch, Daumen runter für Ablehnung, High Five Abklatschen für Zustimmung, V für Victory (Sieg), Peace-Zeichen oder Hasenohren.

Fortsetzung folgt

Seit einiger Zeit ist Angela keine Kanzlerin mehr. Sie hat einmal gesagt, sie wolle keine Arbeiten in der Politik mehr übernehmen. Sie ist nun eine Rentnerin

und kann machen, was ihr Freude bereitet. Viele glauben jedoch nicht, dass Angela damit für immer aus der Öffentlichkeit verschwinden wird.

Der neue Kanzler in Deutschland heißt Olaf Scholz. Angela hat ihm viel Erfolg bei seiner Arbeit gewünscht und sie wird bestimmt beobachten, wie er Deutschland führt. Aber einmischen wird sie sich wohl nicht.

Vielleicht hat sie auch genug zu Hause zu tun, denn Joachim will eventuell noch einige Jahre weiterarbeiten.

RENTNER, RENTNERIN: Person, die aus Altersgründen nicht mehr arbeitet

FORSCHUNGSAUFGABE

Finde heraus, wann die nächste Bundestagswahl in Deutschland ist. Frage Erwachsene, ob sie wählen gehen.

Hättest du's gewusst?

AM Angelas Mutter Herlind war Englisch- und Lateinlehrerin an einer Schule, später auch an der Volkshochschule. Dass eine Frau arbeiten geht, war für Angela also selbstverständlich.

AM Angela hat nicht nur einen Vornamen. Ihr zweiter ist „Dorothea".

AM Angelas Sternzeichen ist Krebs. Gelegentlich liest sie Horoskope, sie findet sie aber wohl eher amüsant und schenkt ihnen für ihr eigenes Leben keine große Bedeutung.

AM Angela erinnert sich daran, dass die Menschen in der Kirche geweint haben, als am 13. August 1961 die Mauer zwischen Westberlin und Ostberlin gebaut wurde.

AM Angelas Großvater hieß Ludwig Kaźmierczak und stammte aus Poznań. 1920 zog er nach Berlin und änderte 1930 seinen Namen in „Kasner".

(AM) Angela hat zwei Geschwister: Ihre Schwester Irene ist zehn Jahre jünger und arbeitet als Ergotherapeutin. Ihr Bruder Marcus ist Physiker und zwei Jahre jünger.

(AM) Angela hatte immer gute Noten, erst in der Schule und später dann an der Universität. Nur das Fach Sport mochte sie überhaupt nicht. Einmal stand sie wohl die ganze Stunde auf dem Dreimeterbrett und überlegte, ob sie springen soll oder nicht.

(AM) Als Kind gewann Angela Merkel (rechts siehst du ihren Nachnamen auf Russisch) einmal einen

Меркель

Wettbewerb, die Russisch-Olympiade. Als Preis durfte sie eine Reise nach Moskau (Russland) machen.

(AM) Angelas Lieblingsfilm ist angeblich „Die Legende von Paul und Paula". Das ist ein Film aus der ehemaligen DDR aus dem Jahr 1973.

Während ihres Studiums lernte Angela Ulrich Merkel kennen. Sie heirateten 1977. Die Ehe zwischen den beiden Physikern hielt vier Jahre lang. Von ihm trägt sie noch heute ihren Nachnamen.

 Als die Mauer 1989 fiel, saß Angela gerade mit Freunden in der Sauna. Joachim war zu einem Forschungsaufenthalt in die Bundesrepublik gereist, der in Karlsruhe stattfand.

 Angela wurde 1995 von einem Hund gebissen. Seitdem hat sie Angst vor Hunden.

 Angela ist eine richtige Frühaufsteherin. Sehr zum Leid aller Langschläfer, die mit ihr  arbeiten oder mit denen sie frühe Termine vereinbart.

 2001 warb ein Autovermieter mit Angela. Er zeigte sie mit windzerzausten Haaren. Der Plakattext hieß: Lust auf eine neue Frisur? – Mieten Sie sich ein Cabrio.

(AM) Angela sagt über sich selbst, dass sie jeden Tag in ihrem Leben etwas lernt. So hat sie zu ihrem 50. Geburtstag kein großes Fest gefeiert, sondern alle zu einem Vortrag eines Hirnforschers eingeladen.

(AM) Angela trat 2005 bei der Wahl gegen den vorherigen Bundeskanzler Gerhard Schröder an. Am Abend des Wahltags sagte der: „Es gibt einen eindeutigen Verlierer: Und das ist nun wirklich Frau Merkel." Zwei Monate später war Angela Bundeskanzlerin.

(AM) Viele denken, dass Angela nur selten lacht und keinen Humor hat. Aber Menschen, die schon mit ihr zusammengearbeitet haben, sagen, sie kann gute Witze erzählen.

(AM) Angela und ihr Mann machen seit vielen Jahren an denselben Orten Urlaub: zu Ostern auf der Insel Ischia im Golf von Neapel, im Sommer zum Wandern in Sulden im Vinschgau/ Südtirol und im Winter zum Skilanglauf in Pontresina im Schweizer Engadin.

Regelmäßig fährt Angela dabei in Pompeji vorbei, um sich den Fortschritt der Ausgrabungen in dieser antiken Stadt anzusehen.

 Angela und ihr Mann lieben die klassische Musik von Wagner und sind deshalb jährlich bei den Bayreuther Festspielen. Dort trägt Angela auch Kleider statt Hosenanzüge.

 Als Angela einmal zur Eröffnung der Osloer Oper im Sommer 2008 mit einem glänzenden langen Abendkleid statt im Hosenanzug kam, waren viele Journalisten so erstaunt, dass sie eigene Beiträge über diese ungewöhnliche Kleidung von Angela schrieben.

 Angela wurde manchmal als „Mutti der Nation" bezeichnet. Das war meistens nett gemeint und hieß, dass sie sich um die Menschen kümmerte.

2012 erhielt die Europäische Union den Friedensnobelpreis. Dieser Preis geht an die Person oder die Organisation, die sich am meisten für die Menschheit eingesetzt hat. Angela nahm an der Preisverleihung teil.

 Bei der Bundestagswahl 2013 gab es ein Plakat, das nur Angelas Hände zeigte. Es war 70 Meter breit und 20 Meter lang und hing am Hauptbahnhof in Berlin. Auf dem Plakat war nur die Merkelraute als Handgeste zu sehen. Das Plakat ist ein Mosaik aus 2150 einzelnen Handmotiven.

 Angela hat sich selbst einmal als Kamel bezeichnet. Als sie gefragt wurde, wie sie mit wenig Schlaf auskommt, hat sie gemeint, dass sie lange Zeit nicht viel schlafen muss und irgendwann wieder auftankt.

Manche behaupten, dass Angela sich durchsetzte, weil sie länger durchhielt als alle anderen. Das war vor allem bei Verhandlungen in der Nacht wichtig.

 Doch so eine Nachtsitzung kann auch mal zu einer schlecht durchdachten Lösung führen. 2021 entschuldigte sich Angela für einen Beschluss zu Corona-Maßnahmen, der gar nicht durchführbar war. Sie meinte, dass das ganz allein ihr Fehler war, obwohl auch andere Menschen dabei waren. Das bedeutet: Sie übernahm die Verantwortung – und das ist eine gute Sache.

 Seit 2013 steht in einem Madam Tussauds Wachsfigurenkabinett eine Merkelfigur mit einer Handgeste, die zur Raute geformt ist.

In ihrem Garten baut Angela gerne Kartoffeln und Erdbeeren an. Die brauchen wenig Pflege, denn eine Bundeskanzlerin hat nicht so viel Zeit für private Hobbys.

AM Es gibt mehrere Doppelgängerinnen von Angela – zum Beispiel Ursula Nawa-Wanecki aus Attendorn, die sie manchmal in der „heute show" beim ZDF spielte. Einer Zeitung sagte das Double einmal, sie freue sich schon darauf, 2021 mit der Kanzlerin zusammen in den Ruhestand zu gehen.

AM Am Ende ihrer Amtszeit wurde Angela mit einem Großen Zapfenstreich verabschiedet. Dabei durfte sie sich einige Lieder wünschen – und wählte sehr ungewöhnliche: Von Nina Hagen „Du hast den Farbfilm vergessen" in Erinnerung an ihre Herkunft aus der DDR, von Hildegard Knef „Für mich soll's rote Rosen regnen" als starke Botschaft und „Großer Gott, wir loben dich", weil sie Christin ist.

EIN STARKES SIGNAL: Als Angela zum ersten Mal zur Bundeskanzlerin gewählt wurde, sagte der damalige Bundestagspräsident Norbert Lammert: „Das ist ein starkes Signal für viele Frauen und für manche Männer sicherlich auch."

Kartoffelsuppe nach Kanzlerin-Art

Angela Merkel hat uns das Rezept für ihre Kartoffelsuppe natürlich nicht verraten. Schließlich muss auch eine frühere Kanzlerin kleine Geheimnisse haben. Aber die Suppe nach diesem Rezept würde ihr bestimmt schmecken. Und einen Geheimtipp haben wir auch.

Das brauchst du:

ZUTATEN

2 Zwiebeln
1 EL Butter
1 TL Salz
800 g (vorwiegend) festkochende Kartoffeln
1 Stange Lauch
1250 ml Gemüse- oder Fleischbrühe (selbstgemacht oder aus Brühwürfeln / Brühepulver nach Packungsanleitung mit Wasser zubereitet)
2 TL getrockneter Majoran
100 ml Sahne
1 TL scharfer Senf
nach Wunsch dazu: Wiener Würstchen, angebratene Schinkenwürfel oder angebratene Würfel Räuchertofu

SO MACHST DU DIE SUPPE

Als Erstes musst du die Zwiebeln schälen und fein hacken. Manchmal brennen die Augen ein wenig davon, aber halte durch – die leckere Suppe entschädigt dich für das Weinen. Die Kartoffeln schälst du zuerst und schneidest sie in Würfel, etwa so groß wie ein großer Spielwürfel. Den Lauch schneidest du in Ringe und wäschst diese Ringe gründlich ab, denn oft ist Lauch im Inneren ziemlich sandig.

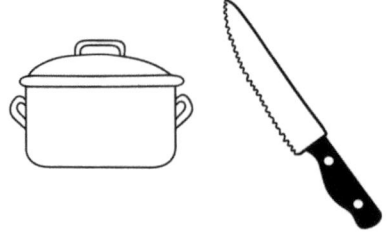

Danach erhitzt du Butter in einem großen Topf. Wenn sie kleine Bläschen macht, kannst du die Temperatur am Herd auf eine mittlere Stufe stellen. Dann gibst du die Zwiebelwürfel dazu und lässt sie etwa drei Minuten lang anbraten.

Nun kommen die Kartoffeln, die Lauchringe und das Salz zu den Zwiebeln. Wenn alles 3 Minuten angebraten ist, löschst du die Masse mit Brühe ab – wie bei der Feuerwehr.

Schließe jetzt den Deckel und lasse die Suppe 20 Minuten köcheln. Mit der Messerspitze kannst du testen, ob das Gemüse schon weich ist. Wenn nicht, dann koche es noch etwa 10 Minuten länger. Nimm den Topf vom Herd.

ACHTUNG:

Die Suppe ist sehr heiß. Lass dir eventuell von einem Erwachsenen helfen.

Püriere nun die Suppe. Das geht am besten mit einem Kartoffelstampfer, mit dem du das Gemüse zerdrückst. Notfalls kannst du auch einen Pürierstab oder eine Küchenmaschine benutzen, aber achte auf den GEHEIMTIPP.

Rühre am Ende Majoran, Sahne und Senf unter. Und wenn du willst, kannst du ein Würstchen in die Suppe schneiden, etwas Schinken oder Räuchertofu dazugeben.

Guten Appetit!

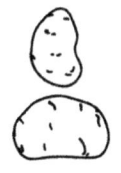

GEHEIMTIPP: Die gekochten Kartoffeln sollte man besser mit einem Kartoffelstampfer zerkleinern. In einer Küchenmaschine kann daraus leicht ein matschiger Brei werden, wenn man zu schnell und zu lange rührt.

FORSCHUNGSAUFGABE

Schreibe hier dein Lieblingsrezept auf.

Das brauche ich für mein Lleblingsrezept:

EINKAUFSLISTE

_____

_____

_____

_____

_____

_____

_____

_____

_____

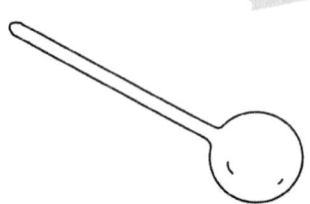

Mach es zu deinem Buch!

Angela trat fast immer in Hosenanzügen auf und versuchte manchmal, ihre Kleidung dem Ort oder Anlass anzupassen. Stell dir vor, sie käme in deine Schule. Welche Farbe(n) fändest du dann für ihre Kleidung passend? Male Angelas Bild entsprechend aus.

Schreibe in den Kreis eigene Gedanken über Angela.

Erkläre ein Wort aus dem Buch, das du noch nicht kanntest.

_____ bedeutet:

_____

_____

Schreibe die drei wichtigsten Punkte auf, warum Angela für dich eine starke Frau ist.

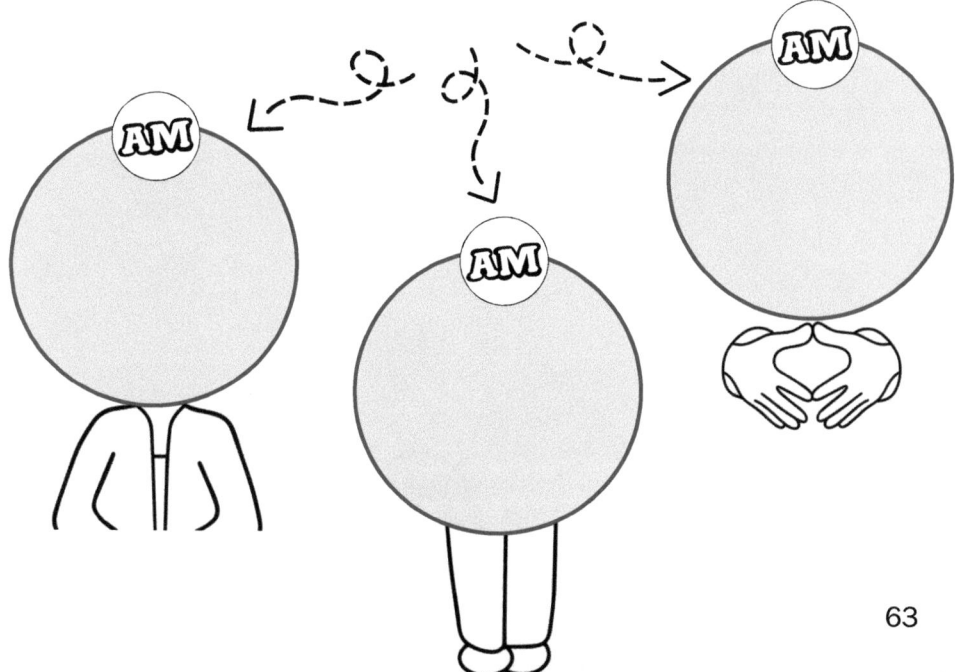

Zeichne Angela so, wie du sie siehst – zum Beispiel bei einem Hobby, das sie deiner Meinung nach ausprobieren sollte, jetzt, wo sie mehr Zeit hat.

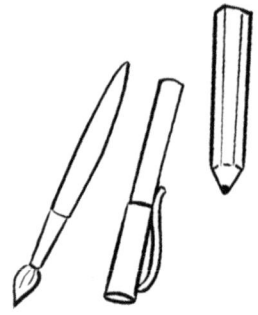

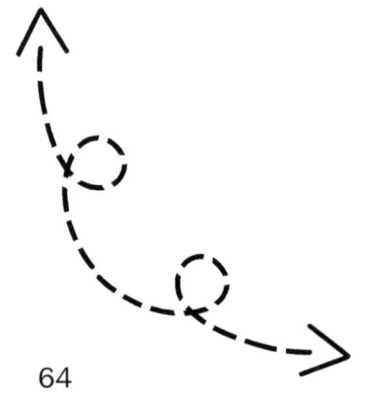

Klebe hier ein Foto von Angela ein. Das findest du z.B. im Internet.

So wirst du Bundeskanzlerin/ Bundeskanzler

Fast jeder Mensch aus Deutschland kann Bundeskanzlerin oder Bundeskanzler werden. Aber du musst ein paar Voraussetzungen erfüllen:

• Du musst mindestens 18 Jahre alt sein.
• Du musst mindestens seit einem Jahr die deutsche Staatsbürgerschaft haben.
• Und, am wichtigsten: Du musst die Wählerinnen und Wähler überzeugen, dass du und deine Partei gute Ideen habt, wie die Zukunft für alle Menschen in Deutschland aussehen soll. Dafür braucht ihr am besten einen Plan, damit die Menschen glauben, dass ihr eure Ziele erreichen könnt.

KANZLERIN: Das Wort kommt aus dem Lateinischen. Früher wurde ein Mensch so genannt, der Urkunden schreiben konnte. Später hießen Personen so, die für einen Herrscher wichtige Dokumente ausstellten. Seitdem es Deutschland als Staat gibt, heißt die Chefin/der Chef der Regierung so. Es ist nicht das höchste Amt im Staat, aber das wichtigste.

So geht eine Bundestagswahl

Wir sprechen hier immer von Frauen, aber natürlich dürfen auch Männer Politiker (und damit Bundeskanzler oder Bundespräsident) sein und als Wähler zur Wahl gehen.

Die Parteien überlegen sich ihre Ideen für die Zukunft von Deutschland. Sie suchen einen Menschen aus, der ihre Ideen als Bundeskanzlerin vertreten soll.

Die Wählerinnen sehen sich die Ideen der Parteien genau an. Sie wählen in der Bundestagswahl Menschen, die für sie im Bundestag sein sollen, und eine Partei, deren Ideen erfüllt werden sollen.

Im Bundestag sitzen alle Menschen, die von den Wählerinnen genügend Stimmen bekommen haben. Sie sind in Gruppen von Parteien eingeteilt. Mehrere Parteien machen eine Koalition und arbeiten zusammen. Alle beraten über die Ideen.

Die Bundespräsidentin ist die höchste Politikerin in Deutschland. Sie schlägt einen Menschen als Bundeskanzlerin vor. Meistens ist das der Mensch, der im Bundestag wohl die meisten Stimmen bekommen wird.

Die Menschen im Bundestag wählen die Bundeskanzlerin. Sie muss mehr als die Hälfte aller Stimmen bekommen. Das nennt man „absolute Mehrheit".

Die Bundespräsidentin ernennt die Bundeskanzlerin.

Danach schwört die Bundeskanzlerin vor dem Bundestag einen Eid. Darin steht, dass sie Deutschland dienen möchte. Manche Bundeskanzlerinnen haben noch eine Bitte: „So wahr mir Gott helfe!"

67

Noch nicht genug?

Wenn du noch mehr über Angela Merkel wissen möchtest, hier einige Empfehlungen:

Der Dokumentarfilm „Angela Merkel – Die Unerwartete" (2016) erzählt von Angela Merkel. Aber vor allem erzählt sie auch selbst.

Als ihre Amtszeit 2021 zu Ende ging, erschienen viele Filme, die auf ihre politische Karriere zurückblickten. Im Internet sind einige noch zu finden.

Für zusätzliche Informationen kannst du die
Seite über Angela über das digitale Angebot des
Deutschen Historischen Museums (LeMO) abrufen:
www.hdg.de/lemo/biografie/angela-merkel.html
Angela Merkel hat aber auch eine private
Internetseite, auf der sie Informationen und Bilder
zu ihrem Leben teilt: www.angela-merkel.de

Nachweise der Zitate

Soweit nicht anders angegeben, stammen alle Aussagen von Angela Merkel aus dem wunderbaren Fotoband von Herlinde Koelbl, die Angela Merkel viele Male interviewt hat. Hinter den Titeln der Kapitel steht die jeweilige Seite, auf der die Aussage zu finden ist. Wenn wir Aussagen kindgerechter formuliert oder gekürzt haben, findet sich das Originalzitat in Klammern dahinter.

Aus: Herlinde Koelbl, Angela Merkel. Portraits 1991–2021. Köln 2021.

Angela Kasner: S. 26.

Pfarrerstochter: S. 49.

Forscherin aus Leidenschaft: S. 149. („Ich bin ein Mensch, der schlecht über Sachen sprechen kann, die er nicht verstanden hat.")

Etwas Neues wagen: S. 214.

Politik lernen: S. 137. („Das Beglückende ist, etwas zu bewegen.")

Gemeinsam stark: S. 187. („Mein Mann unterstützt mich immer, zum Beispiel indem er oft für uns einkauft. Insofern haben wir beide schon eine gute Arbeitsteilung.")

Zeit für Pausen: S. 141.

Frau Kanzlerin: Regierungserklärung von Angela Merkel vor dem Deutschen Bundestag am 30.11.2005, Bulletin der Bundesregierung 93–1. www.bundesregierung.de/breg-de/service/bulletin/ regierungserklaerung-vonbundeskanzlerin-dr-angela-merkel-795782 (Abruf am 2.1.2022).

Die Mitte: S. 154.

Die Krisenkanzlerin: S. 100.

Stolz auf Deutschland: Video-Podcast der Bundeskanzlerin Angela Merkel vom 18.1.2020. https://www.bundesregierung.de/breg-de/service/archiv/archiv-mediathek/merkel-wuerdigt-rolle-des-sports-1713522 (Abruf am 3.1.2022). („Das ist für die Gemeinschaft, für den Zusammenhalt einer Gemeinschaft von ganz besonderer Bedeutung.")

Überzeugte Europäerin: S. 188.

Auf der Weltbühne: S. 22. („In der Politik suche ich lieber die Kooperation als die Auseinandersetzung.")

Wir schaffen das!: S. 180.

Offene Ohren: S. 39.

Kann das auch ein Mann?: S. 206.

Die Erde brennt!: S. 68.

Ungeahnte Herausforderungen: Rede von Angela Merkel vor dem Deutschen Bundestag am 16.04.2021, Bulletin der Bundesregierung 53-1. www.bundesregierung.de/breg-de/suche/rede-von-bundeskanzlerinmerkel-im-deutschen-bundestag-am-16-april-2021-1891424 (Abruf am 2.1.2022).

Angelas Stil: S. 76.

Fortsetzung folgt: S. 102.

Hättest du's gewusst?: Norbert Lammert, Plenarprotokoll 16/3, Deutscher Bundestag, Stenografischer Bericht, 3. Sitzung, Berlin, 22.11.2005.

Drei starke Frauen hinter diesem Buch

Heike ist Historikerin und Autorin. Besonders Frauengeschichten interessieren sie. Ihren Kindern wünscht sie eine Zukunft, in der jede(r) ganz selbst sein und alles erreichen kann.

Julia ist angehende Lehrerin für Geschichte, Englisch und Ethik. Starke Frauen waren ihr schon immer ein Vorbild. An Angela Merkel bewundert sie ihren klugen Kopf und ihre ruhige Art.

Bettina ist Archäologin und zeichnet für ihr Leben gern. Schon als kleines Mädchen hat sie damit begonnen. Sie hofft, dass jeder etwas im Leben hat, das ihn glücklich macht.

Es gab eine Frau, die hat ihr Leben lang für die Gerechtigkeit gekämpft: Ruth Bader Ginsburg (1933–2020).

Sie war Professorin, Anwältin und schließlich Richterin am obersten Gericht der USA. Doch weil sie eine Frau war, hat man sie oft unterschätzt.

- Wofür hat sich Ruth Bader Ginsburg eingesetzt?
- Welche Hindernisse musste sie überwinden?
- Wie konnte sie die Menschen überzeugen?
- Was waren ihre Träume?

In diesem spannenden Buch findet ihr die Antworten, auch auf viele weitere Fragen. In leicht lesbarer Druckschrift. Als Schullektüre und für die Schulbibliothek geeignet. Mit Kreativ-Seiten zur eigenen Gestaltung.

KINDERBUCHREIHE.STARKEFRAUEN

FÜR KLEINE LEUTE MIT GROSSEN IDEEN.

Starke Frauen 3

„Mama Miti" – Mutter der Bäume – ist der Name für eine Frau, die Unglaubliches geschafft hat: Wangari Maathai (1940–2011).

Heike Wolter • Julia Christof
Illustrationen: Bettina Springer-Ferazin

WANGARI MAATHAI

Die Mutter der Bäume

FÜR KLEINE LEUTE MIT GROSSEN IDEEN.

edition riedenburg

Sie war die erste Nobelpreisträgerin aus Afrika. Wangari Maathai hat nicht nur Millionen Bäume gepflanzt, sondern auch Frauen auf der ganzen Welt ermutigt.

• Wer hat an sie geglaubt?
• Welche Steine lagen auf ihrem Weg?
• Welche Botschaft hat sie für uns alle?

In diesem spannenden Buch findet ihr die Antworten, auch auf viele weitere Fragen. In leicht lesbarer Druckschrift. Als Schullektüre und für die Schulbibliothek geeignet. Mit Kreativ-Seiten zur eigenen Gestaltung.

KINDERBUCHREIHE_STARKEFRAUEN

FÜR KLEINE LEUTE MIT GROSSEN IDEEN.

edition riedenburg

Mit diesem Buch feiern wir 400 Jahre Paris Lodron Universität Salzburg und laden alle Kinder dazu ein, das Leben an der Uni zu entdecken.

Marie, acht Jahre, sommersprossig und wissbegierig, kennt den besten Ort der Welt, um Antworten auf (fast) alle ihre Fragen zu finden: die Universität. Das Salzburger Uni-Abenteuer führt Marie zu einer großen Bibliothek, zwei Ausblicken, drei Forschungszentren, vier Leckereien, fünf Standorten, sechs Fakultäten, sieben Denkmälern, einer merkwürdigen Acht, neun neuen Wörtern und mehr als zehn klugen Studierenden.

- Was hat Universität mit Universum zu tun?
- Warum ist Fragen das Wichtigste?
- Welche berühmte Frau ist mit Marie verwandt?

Findet es gemeinsam mit Marie heraus!

KINDERBUCHREIHE_STARKEFRAUEN

FÜR KLEINE LEUTE MIT GROSSEN IDEEN.

edition riedenburg
editionriedenburg.at

Literaturtipps der edition riedenburg
Überall im (Internet-)Buchhandel